Pequeños
EXPERTOS EN
ecología

Acciones para cuidar el planeta

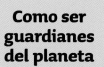

El planeta

**Como ser
guardianes
del planeta**

PowerKiDS
press.

Published in 2023 by PowerKids, an Imprint of Rosen Publishing
29 East 21st Street, New York, NY 10010

Cataloging-in-Publication Data
Names: Editorial Sol 90 (Firm).
Title: Acciones para cuidar el planeta / by the editors at Sol90.
Description: New York : Powerkids Press, 2023. Series: Pequeños expertos
en ecología
Identifiers: ISBN 9781725337282 (pbk.) ISBN 9781725337305 (library
bound) ISBN 9781725337299 (6pack) ISBN 9781725337312 (ebook)
Subjects: LCSH: Environmental protection--Citizen participation--
Juvenile literature. Environmental responsibility--Juvenile literature.
Environmentalism--Juvenile literature.
Classification: LCC GE195.5 W397 2023 DDC 333.72--dc23

Coordinación: Nuria Cicero
Edición: Alberto Hernández
Edición, español: Diana Osorio
Maquetación: Àngels Rambla
Adaptación de diseño: Raúl Rodriguez, R studio T, NYC
Equipo de obra: Vicente Ponce, Rosa Salvía, Paola Fornasaro
Asesoría científica: Teresa Martínez Barchino

Infografías e imágenes:
www.infographics90.com
Agencias: Getty/Thinkstock, AGE Fotostock, Cordon Press/Corbis,
Shutterstock.

Find us on

CONTENIDO

UN AZUL Y HABITABLE PLANETA

A la Tierra se le conoce como el "Planeta azul" por el color de los océanos que cubren dos terceras partes de su corteza. Además, es el único de los planetas que posee agua líquida en su superficie.

La Tierra no está ni muy cerca ni muy lejos del Sol. Por eso, las temperaturas son templadas y facilitan la vida tal como la conocemos.

Las áreas verdes de la Tierra son los bosques y las selvas, ecosistemas necesarios para la regeneración del oxígeno.

La atmósfera deja pasar la luz –necesaria para que las plantas crezcan– y regula la radiación solar, reteniendo los rayos más perjudiciales.

Y, muy importante, la atmósfera también proporciona oxígeno y dióxido de carbono, gases indispensables para la vida.

LA DIVERSIDAD DE ECOSISTEMAS

En los paisajes que pueblan la Tierra hay diferentes ecosistemas, sistemas biológicos en los que conviven animales y plantas. Pueden ser terrestres o acuáticos. Cada uno ofrece servicios y valores que benefician al ser humano.

Km. por ecosistema

4 mill. km2 **7 mill. km2** **10 mill. km2**

Polos y bosques

**Los polos refrescan las temperaturas
del planeta mientras que los bosques aportan
el agua de la mitad de la Tierra.**

17 mill. km2   **23 mill. km2**

Océanos y valles

Los océanos son el mayor almacén de dióxido de carbono del planeta. En contacto con la parte baja de la atmósfera, se encargan de absorber una gran parte del CO_2 que los seres humanos emitimos. En ellos viven miles de especies. En los valles hay suelos agrícolas que permiten la circulación de nutrientes en la tierra.

| Km. por ecosistema | 349 mill. km² | 60 mill. km2 | 42 mill. km2 |

¿SABÍAS QUE?

Nuestro planeta es único. No hay otro igual, al que nos podamos "mudar". Por eso debemos cuidarlo y conservarlo, para el beneficio de las generaciones del futuro.

36 mill. km2   **35 mill. km2**

2 **Son las clases de ecosistemas principales: acuáticos y terrestres.**

UNA TIERRA PARA CUIDAR

La Tierra es un organismo vivo que está en constante transformación y evolución. Para que la vida se mantenga y la salud no decaiga, debemos cuidarla, controlar los peligros que la acechan y también preservar a todos los seres que la habitan.

Hay que promover
la agricultura sostenible

Hay que revertir
la desertificación

PELIGROS QUE DEBEMOS EVITAR

Empeorar el cambio climático

Uno de los grandes retos es evitar la intensificación del cambio climático, por sus efectos negativos sobre las temperaturas y los fenómemos naturales. ¿Cómo? Un paso importante es reducir la emisión de gases de efecto invernadero.

No limitar la emisión de gases de efecto invernadero

Dañar los hábitats

Las ciudades deben crecer de forma sustentable, cuidando la naturaleza para evitar que desaparezcan los hábitats naturales.

Afectar la vida salvaje

La caza y la pesca incontroladas afectan a la población de animales; pueden romper el sano equilibrio de los ecosistemas y conducir a la desaparición de las especies.

Afectar la vida salvaje

Dañar los hábitats

PULMÓN EN PELIGRO

Pese a los esfuerzos por concienciar a la población y detener su destrucción, una quinta parte del Amazonas ya ha desaparecido. Si no se toman medidas, en dos décadas se podría perder casi la mitad de la selva.

De selva a campo

Los prenden para despejar terrenos destinados al ganado y la agricultura.

Efecto invernadero

Al destruir la vegetación, millones de toneladas de carbono que estaban fijadas en las plantas se convierten en dióxido de carbono, que termina en la atmósfera y agudiza el efecto invernadero.

AMAZONAS

Asentamientos

El desarrollo industrial atrae
población que se asienta en
la región con poco respeto
por la naturaleza.

Minería ilegal

Además de preparar terrenos
para cultivos, muchas zonas
vírgenes del Amazonas se
han deforestado debido a
la búsqueda ilegal de oro.

¿QUÉ ESTAMOS PONIENDO EN RIESGO?

Diversidad de fauna

Hay 350 especies de mamíferos, 1,000 de aves, 550 de reptiles y millones de especies de insectos viviendo en el Amazonas.

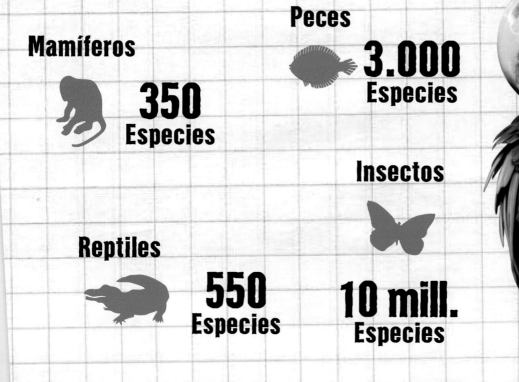

Aves

1.000
Especies

Mamíferos

350
Especies

Peces

3.000
Especies

Insectos

10 mill.
Especies

Reptiles

550
Especies

Diversidad de plantas

Más del 10% de las especies vegetales conocidas en el planeta viven en la Amazonía.

Cultura

Más de 200 mil nativos indígenas que viven en la zona corren peligro. El legado cultural de las diversas etnias, incluyendo 200 lenguas diferentes, está amenazado.

Save the AMAZON!

20% Del oxígeno de la tierra es producido por la vegetación del Amazonas. Por eso se lo llama el "pulmón" de la Tierra.

VENENO EN EL AGUA

Eutrofización

Se llama así al fenómeno que se produce debido a un exceso de sustancias nutrientes (generalmente procedentes de actividades humanas) en un ecosistema acuático, como por ejemplo un lago, que tiene entrada de agua restringida. Esto genera bacterias y algas que consumen el oxígeno del agua, y eso obliga a las especies a abandonar su hábitat.

Los ecosistemas acuáticos están sufriendo formas de contaminación invisibles. La eutrofización y la acidificación del agua destruyen sus formas de vida y diversidad.

Acidificación

El mar absorbe el 25% de las emisiones de CO_2. Ese alto porcentaje acidifica el agua, dañando al fitoplancton, los corales, los moluscos de concha y los crustáceos.

Peligrosos

La contaminación es la principal causante de los procesos de eutrofización. La química, la urbana, la atmosférica y la agropecuaria. Estos son algunos productos que por su alto contenido en nitrógeno, aportan las altas dosis de nutrientes que eutrofizan ríos, lagos, rías y estuarios los alteran y perjudican seriamente el desarrollo de la vida en ellos.

Detergentes

Aceites

Fertilizantes

¿SABÍAS QUE?

Corales, estrellas de mar y mejillones, entre otras especies, son como pequeños arquitectos: usan los carbonatos disueltos en el agua para construir sus conchas y caparazones. La acidificación del agua los disuelve.

LA TIERRA ESTÁ VIVA

La Tierra no es un peñasco muerto. A diferencia de otros planetas, goza de vida en su superficie. Y su interior también está activo. Esa actividad aparece en acciones que son destructivas y creadoras a la vez. Veamos algunas de ellas.

Hipótesis Gaia

Es una hipótesis apoyada por algunos científicos, según la cual la atmósfera y la biosfera se comportan como un todo coherente que se encarga de autorregularse.

Erupciones volcánicas

La lava ardiente tiene un efecto destructor inmediato, pero con el tiempo se transforma en suelo fértil.

MÁS ACCIONES

Inundaciones

El desbordamiento de los ríos causa inundaciones. Pero, cuando son cíclicas, como las del Nilo, en África, sirven para fertilizar los campos.

Incendios

Cuando los bosques se incendian es una catástrofe. Pero en ciertas regiones del planeta el fuego tiene un efecto beneficioso, puesto que los sanea.

Monzón

Es un viento estacional que cae especialmente en el sur de Asia y en el océano Índico, cargado de lluvias muy fuertes. Causan inundaciones, pero son imprescindibles para obtener buenas cosechas.

¿QUÉ PUEDES HACER TÚ?

Mucha gente participa en organismos que se dedican de a proteger el medio ambiente voluntariamente. Puedes unirte a ellos en **5** TAREAS como estas:

1 Limpiar costas y playas

Los voluntarios retiran toneladas de plástico de las playas. ¿Sabías que las bolsas y otros productos de plástico matan a peces, tortugas, aves y mamíferos marinos?

2 Eliminar plantas invasoras

En algunos lugares crecen plantas que invaden un ecosistema y pueden modificarlo, como ocurre con la Arundo donax en México.

3 Plantar árboles y plantas

Los árboles acumulan CO_2 y emiten oxígeno; sujetan el suelo; fertilizan la tierra, y sirven de hogar a muchas especies animales. Plantando árboles darás vida.

4 Construir e instalar cajas nido

Gracias a estas sencillas cajas, los pájaros pueden hacer sus nidos en bosques con árboles maltratados por incendios u otras agresiones.

5 Denunciar lo que está mal

La impunidad alienta nuevas agresiones contra el medio ambiente. Denúncialas frente a las autoridades o instituciones correspondientes en tu país.

PASOS A FAVOR DEL PLANETA

1 Reduce residuos
Elige productos sin envase.

2 Separa basuras
Cada residuo en su contenedor.

9 Respeta las culturas
Todos tenemos algo que aportar.

8 Respeta la naturaleza
Cuida las plantas y los animales.

7 Ahorra energía
Apaga las luces; carga la lavadora.

3 Usa transporte sustentable

Pedalea; usa el transporte público.

4 Fomenta el consumo responsable

Elige productos frescos.

5 Ahorra agua

No la malgastes y úsala con imaginación.

6 Usa energías renovables

Elige energía solar y eólica.

CORALES ENFERMOS

Los arrecifes de corales protegen las costas de la erosión, dan sustento económico a millones de personas y son el medio en el que vive el 25% de las especies de peces de todo el mundo. Pero un tercio de ellos está enfermo a causa del cambio climático y la actividad humana nociva.

Causas de la pérdida

- Contaminación
- Sedimentación
- Turismo
- Cosecha de corales
- Pesca por explosión
- Sobreexplotación marina
- Pesca por envenenamiento

¿CÓMO ENFERMAN LOS CORALES?

Coral sano

Cuando la temperatura media del agua sube, el alga zooxanthellae abandona los pólipos, que, faltos de alimento, enferman, se vuelven blancos y mueren.

Pólipos

Los corales son grandes estructuras formadas por millones de pólipos, animales microscópicos parientes de las medusas y las anémonas.

Pólipo

Algas

Simbiosis

Dentro del pólipo viven algas zooxanthellae, que le proporcionan alimento. A cambio, el pólipo presta cobijo y protección al alga.

Coral
enfermo

Los arrecifes
fantasmas

Los corales son
ecosistemas antiguos,
ricos y poblados.
Cuando mueren, fauna y
flora los abandonan.

Pueden
recuperarse

Cuando enferman,
los corales se blanquean.
Si las algas regresan,
pueden recuperarse.

CONGELACIÓN Y EROSIÓN

Con este experimento entenderás la transformación que se produjo en el paisaje terrestre a través de los distintos períodos glaciales e interglaciales que tuvieron lugar en la Edad de Hielo. El elemento principal que necesitas es una simple piedra!

NECESITARÁS:
- 1 piedra mediana
- 1 vaso de plástico
- 1 bolsa de plástico
- agua y papel
- 1 congelador

PASO A PASO: las explicaciones en la página siguiente.

PASO UNO

Coloca la piedra dentro del vaso y cúbrela con agua. Déjala toda la noche para que se humedezca.

PASO DOS

Retira la piedra del vaso y métela en una bolsa de plástico. Vuelve a poner la piedra en el vaso y déjala en el congelador 2 horas.

PASO TRES

Retira la piedra del congelador y deja que se descongele hasta que el hielo se derrita y adquiera temperatura ambiente.

PASO CUATRO

Coloca un papel blanco sobre la mesa. Abre la bolsa y deja caer la piedra encima del papel desde cierta distancia. Verás cómo, tras chocar, se desprenden trozos de la piedra.

Conclusión

El agua se infiltra por las minúsculas grietas de las rocas. Al congelarse el agua, se expande con tanta fuerza que es capaz de fragmentar la roca. Con estos pequeños fragmentos se forma el suelo.